AF232444

AUTHENTICITÉ

DES RELIQUES

DE

SAINT REMI

Par l'Abbé CERF

Custodit Dominus omnia ossa eorum.

(*Psal.* XXXIII, 21.)

REIMS

Imprimerie de P. DUBOIS et Cⁱᵉ, rue Flache, 24.

1866

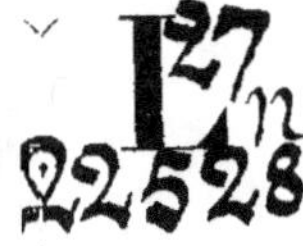

AUTHENTICITÉ
DES RELIQUES

D E

SAINT REMI

Par l'Abbé **CERF**

Custodit Dominus omnia ossa eorum.

(*Psal.* XXXIII, 21.)

REIMS

Imprimerie de P. DUBOIS et Cᵉ, rue Pluche, 24

—

1866

Le corps de saint Remi, à l'époque de la révolution
de 1793, ayant été profané et jeté dans une même
fosse avec celui d'un soldat mort à l'ambulance,
plusieurs personnes se sont demandé si les reliques
de l'Apôtre de la France, recueillies depuis et expo-
sées maintenant dans l'église de Saint-Remi, étaient
bien authentiques et si elles n'avaient pas été confondues avec les restes du soldat. Le doute ne devait pas
être possible, dans une affaire aussi importante. Peut-
on penser, en effet, que l'Eglise, qui agit toujours
avec tant de sagesse et tant de prudence, exposerait
témérairement à la vénération des peuples des reliques
qu'elle ne reconnaîtrait pas comme bien authentiques?

Les fidèles ne le pensent pas ; aussi viennent-ils toujours, de plus en plus nombreux , au pied du tombeau de saint Remi, pour lui offrir avec une entière confiance leurs hommages et leurs prières.

Pour faire disparaître toute incertitude, nous sommes heureux d'offrir à ceux qui conserveraient quelques doutes, des témoignages certains de l'authenticité des reliques de saint Remi. Ce sont les procès-verbaux rédigés par des personnes bien connues et très-recommandables , qui ont assisté elles-mêmes à la profanation du corps du saint Apôtre, à son inhumation, à son exhumation et à sa vérification, lorsqu'il a été replacé dans l'église. A l'aide de ces différentes pièces, un seul procès-verbal a été rédigé et déposé dans la châsse le 13 Décembre 1823.

La copie que nous possédons des procès-verbaux rédigés pendant la Révolution était probablement la seule qui ait été conservée ; nous nous faisons un devoir de la livrer à la publicité, pour en perpétuer à jamais le souvenir.

Puisse saint Remi avoir pour agréable ce modeste monument historique que nous élevons à sa gloire !

VIOLATION,

INHUMATION, EXHUMATION

Des Reliques de saint Remi

EN 1793

ET

VÉRIFICATION DE CES MÊMES RELIQUES

depuis cette époque jusqu'à nos jours

Le corps de saint Remi fut inhumé aussitôt après sa mort (13 Janvier 533), dans un double caveau, au milieu de la petite église de Saint-Christophe (1).

Sonnace, archevêque de Reims, ayant fait construire une église plus grande, en 633, place les reliques du saint apôtre de la France dans un mausolée somptueux, au lieu même où il repose depuis plus de douze siècles. Cette première translation eut lieu le 1er Octobre.

Hincmar, en 852, agrandit l'église de Saint-Remi, érige un tombeau plus riche en son honneur, et y

____

(1) FLODOARD., *Hist.*, lib. I, cap. 17.

dépose ses reliques dans une châsse d'argent (1). Cette seconde translation se fait devant les évêques de la province, qui constatent, avec l'archevêque Hincmar, l'intégrité des reliques enveloppées dans le même suaire de soie rouge dans lequel elles avaient été ensevelies en 533, et dont Sonnace avait constaté la conservation en 633.

En 1537, le cardinal de Lenoncourt, abbé du monastère de Saint-Remi, substitue au tombeau élevé par Hincmar un monument plus élégant, qui demeure debout jusqu'en 1793 (2).

La châsse ne fut cependant changée qu'en 1646, par les religieux de l'abbaye. Alors l'archevêque Léonor d'Etampes, en présence d'un grand nombre de témoins, fit l'ouverture de la châsse d'Hincmar et constata que les reliques étaient absolument entières.

Le 19 Août 1650, sans toucher au corps de saint Remi et aux sceaux de l'archevêque de Valencay et de l'abbaye, on plaça l'ancienne châsse dans la nouvelle qui venait d'être faite en argent massif, aux frais d'Oudard Bourgeois, grand-prieur de Saint-Remi (3). Ce fut là que le 23 Octobre 1793, des

______

(1) FLODOARD, lib. I, ch. 15, 21. — MARLOT. — DORIGNY, p. 252. — COCQUAULT, d'après le manuscrit d'Hincmar, conservé en l'église de Reims.

(2) Ce tombeau a été décrit par le P. Cerisière, de la Compagnie de Jésus, dans son ouvrage : *Les heureux Commencements de la France chrétienne sous l'apôtre de nos rois, S. Remi.* — Reims, Bernard, 1633, p 360.

(3) DORIGNY, p. 320 et 481. — *Relation et procès-verbal de la visite et de la translation des reliques de saint Remi, par Léonor d'Etampes.*

Elle était d'argent massif, sur le modèle du mausolée érigé

mains impies et sacriléges osèrent violer ce précieux dépôt honoré des respects et de la vénération de tant de siècles.

Il était huit heures du matin, dit Decroix (1). La foule venait d'envahir l'église de Saint-Remi, mue sans doute par des sentiments divers. Elle était conduite par les citoyens qui, d'après les ordres de la Convention, devaient fouiller les sépultures pour en extraire les matières d'or et d'argent. Fion, serrurier voisin de l'église, fut contraint, au nom de la loi, par les membres du district, de faire l'ouverture du tombeau de saint Remi.

La porte extérieure cède facilement, ainsi que la grille de fer qui protége la porte intérieure donnée par Hincmar. Cette dernière, couverte d'or et de pierreries (2), une fois ouverte, laisse apercevoir la châsse posée sur des roulettes de cuivre.

par le cardinal de Lenoncourt. La face, représentant le *Baptême de Clovis*, étincelait de pierreries enlevées à la châsse d'Hincmar ou dues à la libéralité des fidèles.

(1) Instituteur, auteur d'une vie inédite de saint Remi.

(2. « Hincmar releva la face du tombeau de saint Remi d'un ouvrage rare et magnifique. C'est une espèce de porte haute de cinq à six pieds, couverte d'une lame d'or, toute semée de perles, de diamans et de pierres précieuses, avec une fenêtre au milieu, en travers de laquelle on peut aisément découvrir la châsse du saint. Cette fenêtre est sur un fond d'or enrichi de diamans, d'émeraudes et de perles, le tout d'un ouvrage exquis. Un fin cristal fort large et admirablement travaillé fait le centre ; enfin la bordure est d'un émail violet avec cette inscription en or :

    Hoc tibi, Remigi, fabricavit, magne, sepulcrum
      Hincmarus præsul ductus amore tui,
    Et requiem Dominus tribuat mihi, sancte, precatus
      Et dignis meritis, mi venerande, tuis. »

                  (DORIGNY, p. 254.)

Cette châsse est tirée du tombeau. La foule se précipite sur elle en présence des membres du district. Elle est ouverte et brisée en morceaux, pour être envoyée à Paris. On aperçoit alors une boîte carrée, portant les traces d'anciens ornements et de plaques de métal. C'était la châsse d'Hincmar, que Léonor d'Etampes avait fait replacer dans celle d'argent (1) ; les ornements et les pierreries seuls avaient été employés à l'embellissement de celle de Oudard Bourgeois.

Cette boîte est livrée au peuple, qui force Fion à l'ouvrir. Celui-ci, tout tremblant, dit Decroix, cherche à s'esquiver pour ne pas consommer la profanation : le peuple l'entoure et le menace. Le couvercle est brisé : une odeur suave se répand dans l'église, au grand étonnement des profanateurs.

« On voit alors une étoffe de soie tapissant le contour de l'intérieur de la châsse (c'est Decroix qui parle), on remarque à l'endroit de la tête l'image du saint recevant l'huile sainte et sacrant Clovis. Aux pieds, se voit le baptême du prince. Cet ouvrage semble brodé ou même tissé avec l'étoffe. Sur les côtés, sont les attributs de la religion (2).

» Le corps est couché et étendu ; il est couvert en premier lieu d'un drap de soie cramoisi. On lève ce voile et l'on trouve un livre (3) de format in-12, relié et

(1) Dorigny, p. 326.

(2) Ces broderies sont sans doute ce que les procès-verbaux appellent des *figures d'hommes*.

(3) Voir le procès-verbal du 5 Octobre 1796. C'était le *Tombeau du grand saint Remi, patron des Français, composé par Dom Guillaume Marlot*, imprimé en 1647.

doré sur tranche, dont je n'ai su ni le titre, ni le contenu. Il est posé sur un second suaire de satin rose, qui étant aussi levé, on découvre un troisième de couleur rouge mourant, très-ancien et passé. C'est celui qui, étant encore retiré, laisse voir enfin le corps enveloppé, pour ainsi dire, d'une sorte de mousseline très-claire et formant plusieurs doubles : c'était probablement une aube, car elle était ceinte d'un cordon garni d'une houppe, signe de ressemblance avec le vêtement de dessous que portent les prêtres quand ils célèbrent les saints mystères. On peut conjecturer ici que, dans les visites antérieures, on aura ôté au saint corps les ornements épiscopaux, avec lesquels on a dû l'inhumer, mais qu'on n'a pas cru devoir lui ôter son dernier ornement sacerdotal. A côté du suaire, est un manipule encore entier, et sous la tête, un voile de calice de soie brodée d'or, posé sur un coussin de soie rouge, garni de mousse de bois. Le tout était si bien arrangé que les secousses n'y avaient rien froissé, ni déplacé. »

Les différents voiles étant enlevés de la châsse, le peuple demande à voir la tête de saint Remi. Le citoyen Carengeot la saisit et la montre encore garnie de deux dents. A ce moment, une mèche de cheveux se détache et tombe à terre. Le peuple n'est pas encore satisfait, il désire toucher les autres ossements ; ceux-ci passent de main en main et deviennent la risée des profanateurs, qui veulent les livrer aux flammes au bas des marches du portail.

Carengeot s'y oppose et s'offre de les déposer dans le caveau du monastère. Les assistants insistent et ne cèdent qu'à la condition que le corps de saint Remi sera enterré au cimetière, dans une même fosse avec le corps d'un soldat mort la veille à l'ambulance.

Carengeot se hâte de recueillir tout ce que renfermait la châsse ; il en fait un paquet ; mais, avant d'entourer le tout du drap cramoisi de la châsse, il cherche à se procurer une enveloppe plus solide. Une femme du quartier, Louise Bernard, épouse de Le Lorrain, fabricant, court chez elle, prend un drap, le divise en deux parties ; dans l'une, Carengeot renferme le corps du saint apôtre ; l'autre est réservée pour le corps du soldat.

Ce jour-là, il devait y avoir un enterrement dans le clos des religieux de Saint-Remi, devenu le cimetière de la paroisse. Le peuple saisit cette occasion pour y faire porter ces deux dépouilles. Par un surcroît d'impiété, l'abbé Seraine (1) fut contraint de présider à cette triste cérémonie en présence de Pierre Favreau, officier public chargé des inhumations.

Dieu veillait sur les restes du saint apôtre. Pierre Favreau, avant de se retirer, avait eu soin de faire des entailles à un arbre voisin de la fosse, et vingt-et-un mois après, le 5 Juillet, il vint lui-même, entre cinq et six heures du matin, extraire les reliques de saint Remi, aidé par le fossoyeur Gérard ; puis il les transporta chez lui et les garda jusqu'au lendemain.

Cet évènement fut connu et fit bruit dans la ville. L'abbé Ludinart, MM. Martin Povillon, Timothée Marquant, Jean-Nicolas-Robert Besançon, Isidore Thibaut se rendirent chez le sieur Favreau pour visiter les restes du corps de saint Remi. Ils reconnurent les

____

(1) Curé constitutionnel de la paroisse.

différents suaires enlevés autrefois de la châsse et les ossements du saint apôtre ; mais, comme le citoyen Favreau déclara ne pas vouloir se dessaisir de ce précieux trésor jusqu'au moment où l'Eglise aurait retrouvé sa tranquillité, ils dressèrent un procès-verbal de tout ce qu'ils avaient reconnu (V. *Pièces justif.*, not. A).

Le curé de Saint-Remi, M. l'abbé Seraine, ayant eu également connaissance de l'exhumation de ces reliques, les fit transporter le lendemain dans une chapelle qu'il desservait à l'ancien couvent des Minimes, devenu propriété du sieur Favreau. Il convoqua à cet effet, le 6 Juillet 1795, vers onze heures du soir, les marguilliers de la paroisse.

Le 11 du même mois, le citoyen Favreau, de son autorité privée, convoque MM. Navier, Demanche et Husson, médecins, pour reconnaître les ossements exhumés. Ils constatèrent que le corps n'était pas complet. Le citoyen Favreau avoue alors qu'il s'était tellement pressé, de peur d'être découvert, qu'en sortant les reliques de la fosse, le suaire de soie cramoisie se déchira. et les ossements se dispersèrent, le drap fourni par Louise Bernard étant complètement détruit par l'humidité.

Les médecins mirent en ordre tous les ossements. Ils trouvèrent deux humérus gauches, mais sans humérus droit, ce qui les détermina à se rendre, avec les personnes présentes, dans le grand jardin de Saint-Remi, et à faire ouvrir de nouveau la fosse où les os du saint avaient été enterrés. Cette nouvelle fouille fit découvrir l'humérus droit, et il fut reconnu pour appartenir à un sujet très-âgé, mort depuis longtemps et qui avait été embaumé, par conséquent à saint

Remi. On rejeta dans la fosse l'humérus gauche, qui n'était autre que celui du soldat. Lors de cette nouvelle fouille, on retrouva dans la fosse un drap de soie carrée, violet d'un côté et vert de l'autre, autour duquel étaient des inscriptions en lettres d'or et des débris d'enveloppe de soie, dont une partie était de la plus grande finesse.

Tous ces voiles et les ossements furent alors réunis dans une petite tombe en bois.

De tout ce qui précède, il paraît évident que les reliques du saint apôtre furent réellement exhumées de la fosse où elles avaient été déposées.

Si l'on pouvait en douter, nous évoquerions un témoignage qui ne sera suspect pour personne, c'est celui de Delloye, comédien. Il écrivait, en effet, dans *la Feuille rémoise*, le Vendredi 24 Juillet 1795 : « Ne fallait-il pas avoir le diable au corps de tirer ces restes indivisibles, imperturbables et impérissables, du riche tombeau où ils reposaient en paix glorieux depuis 1233 ans, et de les transporter comme suspects à l'ambulance, pour les confondre ensuite dans une même fosse avec des volontaires immolés à Vénus et morts sans confession, et sans plus de croix ni de goupillon que sur la main ; mais tout le monde ne sait pas encore que, sans le pieux curé dudit saint et le plus dévotieux de tous les municipaux passés, présents et non futurs, ces reliques seraient restées ainsi confondues d'après le système de l'égalité, en attendant la résurrection. »

Les reliques de saint Remi restèrent cachées dans la chapelle des Minimes jusqu'au 1er Octobre de l'année 1795. Elles furent alors reportées dans l'église de Saint-Remi, et reconnues authentiquement en 1796.

Le 3 Octobre de la même année, Nicolas Servant, François de Torcy, membres du presbytère de la Marne, se rendent dans la sacristie de l'église de Saint-Remi, où ils avaient convoqué, devant le curé de Saint-Remi, l'abbé Seraine, les administrateurs de la paroisse, les citoyens Genin, J.-Pierre Bernard, Nicolas Carengeot, J.-B. Wiart, François-Xavier Bernard, pour entendre le récit des faits dont ils avaient été les témoins le 23 Octobre 1793, lors de la profanation du tombeau de saint Remi. Le procès-verbal de leur déposition fut aussitôt rédigé et signé (V. *Pièces justif.*, not. B). Cette pièce est très-curieuse; elle confirme tout ce que nous avons dit de la profanation des reliques de saint Remi, de leur inhumation, de leur exhumation faite par le citoyen Favreau, et plus tard par les médecins Navier, Demanche et Husson.

Le lendemain, 4 Octobre 1796, MM. Servant, Marmouzet, Gaillot, Malot, curé de Cormontreuil, François de Torcy, Gabriel Marin, Courtin, curé de Saint-André, Armand-Jules Seraine, curé de Saint-Remi, Antoine Bertin, Nicolas Menonville, curé de Sainte-Marie-Madeleine, se rendirent vers quatre heures dans l'église de Saint-Remi, pour verbaliser sur l'authenticité des ossements du saint apôtre (V. *Pièces justif.*, not. C). Là, en présence de plusieurs catholiques de la paroisse, les portes de l'église étant fermées, ils se dirigent vers la châsse placée au milieu du chœur. Elle est ouverte, et les os, étant étendus sur une table, furent examinés avec soin par MM. Navier, médecin, et Robin, chirurgien. Ces Messieurs constatent que ce sont les mêmes os qui leur ont été soumis le 11 Juillet, dans la chapelle des Minimes. Ils dressent un procès-verbal descriptif (V. *Pièces justif.*, not. D) de tous les ossements réunis sous leurs yeux, en donnent la nomenclature exacte et les dimensions, attestant que la couleur excessivement rembrunie de tous ces os et l'odeur aromatique qu'ils conservaient encore, les étoupes et les chanvres qui en remplissaient les cavités, prouvaient qu'ils avaient été embaumés, et qu'ils appartenaient à un sujet de la plus grande ancienneté. La mâchoire inférieure seule ne leur semble pas appartenir au même sujet, parce que les condyles ne rentrent pas exactement dans les cavités glénoïdes des tempes. C'était une erreur, et elle fut reconnue plus tard.

La vérification étant terminée, les ossements furent replacés dans la châsse avec les suaires, les voiles et d'autres objets, dans l'ordre suivant : deux morceaux de bois et une cheville provenant de la châsse d'Hincmar ; un grand suaire de drap de soie cramoisie, long de sept pieds quatre pouces, large de cinq pieds huit pouces, provenant également d'Hincmar ; un coussin formé des morceaux brodés qui tapissaient l'ancienne châsse et de tous les suaires, *brandeum*, coussinets qui s'y trouvaient lors de la profanation. Ce coussin fut enveloppé dans le voile de soie cramoisie donné par Alpaïde, sur la demande d'Hincmar, comme l'attestent les vers latins brodés en or qui s'y lisent encore :

> Hoc opus eximium præsul clarissimus Hincmar
> Alpaidi jussit condere sicque dare.

Sur le coussin a été placé la tête de saint Remi, encore garnie de cheveux blancs, avec la mâchoire inférieure, à l'extrémité gauche de la châsse ; à la suite, dans la longueur, ont été rangés les ossements dans leur ordre naturel.

Le tout a été recouvert du voile violet et vert d'Hincmar, où étaient encore visibles ces vers latins :

> Sancte Remigi, pontifex Domini pretiose,
> Cum pietate memento mei Hincmari
>   Nomine non merito episcopi
>   Quoque, sed devote servi tui.

Le lendemain 5 Octobre 1796, le peuple fut convoqué dans l'église de Saint-Remi, pour rendre un hommage solennel aux restes précieux de l'apôtre de la France, et pour entendre la lecture des procès-verbaux constatant l'authenticité de ces reliques.

Cette lecture fut suivie du chant du *Miserere*. Après la messe solennelle, la châsse fut ouverte devant le peuple ; on y déposa les procès-verbaux, une gravure de l'ancien mausolée de saint Remi, un exemplaire du livre de D. Marlot, ayant pour titre *le Tombeau du grand saint Remi*, et le récit (V. *Pièces justif.*, not. E) de cette cérémonie. La châsse, une fois scellée, fut portée en triomphe au-dessus de l'autel, au fond du chœur de l'église, où elle demeura jusqu'en 1803 Durant le cours de cette année, M. Ludinart de Vauxelles fit élever, en l'honneur de saint Remi, un monument circulaire plus propre à témoigner de sa piété que digne de l'église elle-même (1). On prépara également une châsse en bois doré, qui se voit encore aujourd'hui à Saint-Remi.

---

(1) La première pierre de ce tombeau fut posée le dimanche

Mais, avant d'y renfermer les reliques du saint apôtre, M. Claude Joyeux, archiprêtre du diocèse de Reims, pour se conformer aux intentions de Monseigneur Louis-Mathias de Barral, évêque de Meaux (1), se rend à l'église de Saint-Remi, le 30 Septembre 1803, et, après avoir ouvert la châsse en présence des curés, desservants, vicaires et anciens chanoines de la ville, des principaux fonctionnaires publics et des administrateurs des paroisses, il rédige un procès-verbal (V. *Pièces justif.*, not. F), concurremment avec MM. Navier, Caqué et Demanche, médecins, Museux, Duquenelle, Lenglet, Pierret, chirurgiens.

Afin de dissiper les craintes que, dans l'exhumation des reliques de saint Remi faite pendant la Ré-

de la Passion, 27 Mars 1803. Sous cette pierre se trouvait une plaque de plomb avec l'inscription suivante :

« Le tombeau de saint Remi, détruit par l'impiété en 1793, a été rétabli en forme de rotonde sur son ancienne fondation, par la munificence de M. Remi-Roland Ludinart de Vauxelles, président honoraire du bureau de la fabrique de Saint-Remi, et de Marie-Jeanne Cautionnart, son épouse, en l'an 1803, an XI de la République, sous le pontificat de Pie VII, et l'épiscopat de M. de Barral ; Bonaparte étant premier consul ; M. Bourgeois-Jessaint, préfet du département de la Marne ; M. Le Loy, sous-préfet de Rheims ; M. Jobert, maire de la ville ; et M. Bertin, curé de Saint-Remi. La première pierre de ce mausolée, dont M. Biémont a donné les huit colonnes de marbre, a été posée par M. Ludinart et bénie avec les cérémonies de l'Eg.ise le dimanche de la Passion, 27 Mars (6 Germinal) de la même année.

» La maçonnerie a été faite par les trois frères Goulon, et la menuiserie par Louis Boulanger, sous l'inspection de M. le curé, de M. Binet, administrateur maître des ouvrages, et M. Lalondre, artiste. »

(*Programme de la fête*, Reims, Brigot.)

(1) Le siége de Reims ne fut rétabli qu'en vertu du concordat de 1817.

volution, il ne se soit mêlé quelques os d'individus
morts depuis que les inhumations eurent lieu dans
le nouveau cimetière de Saint-Remi, MM. les médecins et chirurgiens, après l'examen le plus soigneux
de tout ce que contient la châsse, déclarent qu'elle
ne renferme que des os qui ont manifestement appartenu au même sujet, et qui portent encore des traces
d'embaumement, tant à la vue qu'à l'odorat. Ils déclarent en outre que c'est par erreur que le procès-
verbal du 4 Octobre 1796 porte que la mâchoire
inférieure, ayant les mêmes traces de vétusté et
d'embaumement que les autres parties, ne peut appartenir au même sujet ; que si cette mâchoire ne
peut pas s'adapter très-exactement à la mâchoire
supérieure, c'est parce qu'elle s'est élargie en re-
dressant sa courbure, par l'effet de la tendance natu-
relle qu'ont tous les corps élastiques à se redresser ;
que ce qui prouve d'une manière évidente que cette
mâchoire inférieure appartient au même sujet, c'est
que la mâchoire supérieure porte les marques de la
pression qu'ont exercée, dans les dernières an-
nées de la vie du sujet, les quatre dents qui restaient
à la mâchoire inférieure, et dont deux ont été égarées
dans l'exhumation.

Le lendemain de cette vérification, les reliques de
saint Remi furent placées dans la nouvelle châsse en
bois. Elle fut fermée par le serrurier Fion qui, en
1793, ouvrit le tombeau, et scellée du sceau de Monseigneur l'évêque de Meaux. On l'exposa dans le chœur
pendant neuf jours, et le 9 Octobre, elle fut portée
solennellement dans le nouveau tombeau (1).

(1) Le 23 du mois d'Août 1807, il y eut en l'église de Saint-

Ce ne fut pas cependant encore la translation définitive ; car, en 1823, la châsse actuelle, en cuivre argenté, donnée par M. Ludinart, étant terminée, Monseigneur de Latil voulut y déposer lui-même les reliques du saint apôtre, après les avoir examinées.

Le 13 Décembre 1823, nous dit M. Lacatte Joltrois, Son Eminence Monseigneur de Latil, en présence des autorités, assistée de MM. Navier et Duquenelle, docteurs médecins, de plusieurs ecclésiastiques et de quelques personnes de considération, fit l'ouverture de la châsse de saint Remi, pour constater lui-même l'identité des précieux restes du glorieux saint Remi et pour retirer de l'ancienne châsse les procès-verbaux du 5 Juillet 1795, du 3 Octobre 1796 et celui du 30 Septembre 1803, afin de les fondre en un seul.

La translation eut lieu le 16, à une heure précise, en présence des vicaires généraux, des chanoines et prêtres de la ville, du préfet, du sous-préfet, du président du tribunal civil, du procureur du roi, du président du tribunal de commerce, du maire et d'un de ses adjoints, du président du bureau de bienfaisance, des membres de la fabrique de la paroisse de Saint-Remi, de MM. Navier et Duquenelle, et de plusieurs autres personnes notables de la ville.

Après avoir brisé les scellés, Monseigneur fit retirer la châsse, la replaça sur une table disposée à cet effet entre le tombeau et le maître-autel.

Remi une cérémonie, en exécution de la décision de S. M. l'empereur et roi, qui avait autorisé M. Ludinart de Vauxelles à placer l'aigle impériale au-dessus du tombeau de saint Remi,... avec ces mots : *Protegente Napoleone Magno*. (Affiche de l'époque : Reims, Le Batard.)

Il étendit sur la table un suaire de taffetas cramoisi brodé en or, retira de l'ancienne châsse les précieux restes de son prédécesseur, qui se trouvaient enveloppés dans un suaire cramoisi, et les posa sur le nouveau suaire. Les médecins ouvrirent alors l'ancienne enveloppe et procédèrent à l'arrangement des os. Monseigneur ayant fait observer que S. M. Charles X désirait en avoir une faible partie, pour l'enchâsser dans le livre des évangiles qu'il avait l'intention de donner à la cathédrale, les médecins en retirèrent la première côte, la remirent à Son Eminence et disposèrent ensuite tous les ossements d'après la forme du corps humain. Dans cette opération, on s'aperçut que de légères parties manquaient ; elles avaient été recueillies par de pieuses personnes lors de la profanation du 23 Octobre 1793 (1).

(1) M. Thibault, élève en chirurgie, ayant été témoin des vérifications différentes faites des reliques de saint Remi depuis 1795 jusqu'en 1824 , laissa quelques notes rédigées sans ordre et des procès-verbaux faits par lui-même, et signés par quelques-uns des témoins qui signèrent les procès-verbaux authentiques. De ces notes conservées à l'archevéché, il résulte : 1º qu'il manque beaucoup de petits ossements du corps de saint Remi ; 2º que plusieurs furent rendus au curé de Saint-Remi en 1803, par M. Thibault (une clavicule, 7 à 8 parties lombaires et 3 dorsales) ; 3º que plusieurs de ces reliques soustraites le furent par des personnes différentes à différentes époques (en 1793, une dent , par M. Povillon père ; en 1795, une dent, par M. Pierret, chirurgien ; une côte, en 1795, par M. Varlet, élève en chirurgie ; en 1795, une côte, par M. Geoffroy, curé de Trigny ; en 1795, deux côtes, par M. l'abbé Dombry, qui en donna une, en 1822, au chapitre de Paris ; une côte, en 1824, par Monseigneur de Latil, pour le roi ; une lombaire, en 1793, par la femme Lefèvre, qui la donna depuis à l'Hôtel-Dieu de Reims [elle est actuellement à Charleville] ; en 1795, une dorsale, par M. Langlet-Doriot ; en 1795, une dorsale, prise par le même,

Les mesures prises, les médecins relevèrent les deux suaires de tous les côtés, en attachèrent les parties avec des épingles et formèrent trois ligatures avec des rubans blancs qu'ils nouèrent. Monseigneur appliqua ensuite son sceau sur toutes les extrémités des trois ligatures, prit sur ses bras la dépouille mortelle du saint prélat, et la plaça lui-même dans la nouvelle châsse de cuivre argenté, mettant la tête du saint du côté où se trouve l'apôtre saint Paul, et les pieds, du côté de l'apôtre saint Pierre. Monseigneur ordonna à M. Gros, alors secrétaire de l'archevêché, de lire le procès-verbal rédigé en latin et en français, et dans lequel sont rappelés les trois procès-verbaux qui étaient dans l'ancienne châsse. Il invita M. le préfet à suivre lui-même, pour plus d'exactitude. La lecture de l'acte faite, toutes les personnes signèrent. Monseigneur signa le dernier le procès-verbal, le mit dans la châsse ; après l'avoir fermée, il retira la clef pour être déposée à l'archevêché. L'ouverture fut recouverte d'une feuille de cuivre.

En 1847, la ville de Reims, ayant terminé la restauration de l'église de Saint-Remi, voulut compléter l'œuvre si heureusement conduite en édifiant le mausolée actuel, que Monseigneur l'archevêque Thomas Gousset bénit solennellement le 3 Octobre, en présence de plusieurs évêques.

échue à M. Bertin, puis à M. Ruinart, séminariste; en 1795, deux phalanges, par M. Robert Besançon) ; 4° que ces reliques n'ont jamais été authentiquées, excepté une vertèbre lombaire, envoyée par M. l'abbé Maquart aux Mazures, en 1827.

Cependant M. Thibault avait fait tous ses efforts pour les faire reconnaitre. Il a réuni le plus d'attestations qu'il a pu des personnes en la possession desquelles étaient ces reliques. Il a consulté les médecins. Ces notes sont toutes conservées à l'archevêché.

PIÈCES JUSTIFICATIVES.

NOTE A.

L'an de grâce 1795, le 5 Juillet, ayant appris que le citoyen Favreau, officier municipal, accompagné seulement de Jean-Nicolas Gérard, fossoyeur, venait d'exhumer les restes précieux du corps de S. Remi, arraché de son tombeau et enterré, le 23 Octobre 1793, dans le ci-devant jardin des religieux, situé en face,

Nous, Claude Ludinart, prêtre catholique romain, Martin Povillon, fabriquant, Antoine-Timothée Marquant, cultivateur, Jean-Nicolas-Robert Bezançon, propriétaire, et J.-B.-Isidore Thibaut, élève en chirurgie,

Nous nous sommes transportés ce jourd'hui 5 Juillet 1795, deux heures après midi, chez le citoyen Favreau, à dessein de connaître la vérité de ce qu'on nous avait confié ; arrivés chez le citoyen Favreau, il nous conduisit dans une chambre haute de sa maison, où nous vîmes étendu sur le plancher ce dont voici le détail :

Un drap de soie cramoisie déchiré en un endroit et tout humide encore, long et large d'environ deux aunes ; un coussin vuide et décousu, aussi de soie cramoisie, autour duquel étaient écrits d'espace en espace des mots latins en lettres d'or, et d'autres pièces aussi d'étoffes de soie cramoisie, portant d'espace en espace l'empreinte d'une croix ; ensuite un crâne ou tête toute entière, où l'on appercevait encore quelque peu de cheveux de la même couleur que ceux qu'en ont conservés plusieurs personnes, la mâchoire inférieure garnie de trois dents à gauche ; douze côtes, deux humerus, un cubitus, deux radius, l'os des hanches droit, les deux fémurs, deux tibias, un peronnée, deux vertèbres du col et quatre du dos, le sternum, l'omoplate gauche ; puis

2

quelques morceaux de bois provenant aussi de la tombe de
S. Remi, quelque peu de mousse de bois jaune dont on avait
garni le coussin et auquel étaient encore attachés des
os des doigts ; plusieurs lambeaux des différents suaires dans
lesquels le tout avait été enveloppé ; plus une cheville de bois
provenant aussi de la tombe de S. Remi ; quelques parties
d'un autre drap de soie de différentes couleurs, que l'on
compara à celui que le citoyen Favreau avait conservé de la
première soustraction qu'il s'en était permise lors de la profanation ; il nous assura aussi qu'en cette même occasion il
en avait laissé quelque partie peut-être dans la terre, parce
que la crainte qu'il avait d'être surpris et interrompu le lui
avait fait oublier ; il nous protesta, d'ailleurs, ne vouloir s'en
dessaisir, mais les garder dans son intégrité actuelle, jusqu'à
ce que l'Eglise plus tranquille puisse lui rendre dans son
temple les honneurs qui lui sont dus.

En foi de quoi nous avons signé le présent procès-verbal,
jusqu'à plus ample information.

Note B.

L'an de J. C. 1796, le 3 Octobre, nous soussignés, Nicolas
Servant, François de Torcy, membres du presbytère du diocèse de la Marne, commissaires nommés par le Révérendissime évêque Nicolas Diot, à l'effet de faire une reconnaissance exacte et assurer d'une manière incontestable l'authenticité des restes précieux du corps du bienheureux
S. Remi, apôtre de la France, patron de la ville de Reims,

Nous nous sommes transportés à la sacristie de la paroisse
de Saint-Remi : là , en présence d'Armand-Jules Seraine,
curé de ladite paroisse, et de plusieurs administrateurs de
l'église, ont comparu les citoiens Genin, Jean-Pierre Bernard, Nicolas Carengeot, J.-B. Wiart, François-Xavier Bernard, accompagnés de plusieurs autres habitants de la paroisse, lesquels nous ont déclaré qu'ils avaient été témoins
de :

L'extraction qui avait été faite le 23 Octobre 1793 de la châsse et du corps de S. Remi, renfermés (antérieurement) dans le superbe mausolée qui avait été érigé (jadis) en l'honneur de ce saint dans l'arrière-chœur de l'église qui porte son nom ; que l'enlèvement ayant été fait d'une première châsse d'argent, il s'en trouva une autre en bois, qui conservait encore quelques lames de cuivre ou d'argent doré, et dans laquelle le corps était renfermé ; qu'on ne put résister à l'empressement du peuple qui désirait voir les restes précieux de son saint patron, depuis si longtemps conservé par l'effet admirable de la divine Providence ; que la tombe ayant été ouverte, elle se trouva garnie d'un drap de satin broché, où étaient représentées des figures d'hommes ; qu'on découvrit d'abord une espèce de suaire ou drap de soie cramoisie très-bien conservé, avec deux voiles de même étoffe et couleur, ayant autour plusieurs lettres en or, et dont l'un d'eux couvrait un coussin sur lequel était posée la tête du saint ; que le corps ayant été découvert, on le vit dans l'attitude d'un corps entier ; que les os parurent desséchés, unis entre eux par leurs ligaments nerveux, lesquels se détachèrent au moment où ils furent touchés ; que le corps était enveloppé de deux suaires, l'un qui parut être de fonds blanc, avec de petites fleurs, l'autre d'une matière très-fine qui paraissait avoir été appliquée sur les os ; qu'on y reconnut encore un cordon avec deux glands et une espèce de manipule ; qu'enfin tous les assistants furent frappés de l'odeur suave qui s'exhalait de toutes les parties de ce corps précieux.

Lesdits témoins ont déclaré en outre que la foule étant immense, chacun s'étant pressé autour des reliques, les uns par respect, d'autres par curiosité, d'autres aussi dans le dessein d'insulter à cet objet respectable de la vénération publique, il ne leur est pas possible de dire s'il n'y a pas eu quelques os enlevés par une partie des assistants ; que tout ce qu'ils peuvent assurer, c'est qu'à l'ouverture de la châsse, le corps parut entier, et qu'ils remarquèrent que la tête avait encore une grosse dent entière et une autre à la mâchoire supérieure ; que la châsse de bois fut mise en pièces et que plusieurs personnes en emportèrent des morceaux ; de plus, lesdits Genin et Carengeot ont ajouté que, sensiblement affectés de voir leur église et leur ville menacées de perdre un dépôt aussi précieux, et désirant, autant qu'il serait en leur pouvoir, conserver les restes sacrés de S. Remi, ils ramassèrent le mieux qu'ils purent les os séparés de leur saint patron, les renfermèrent et les cousirent dans un drap de toile de chanvre, après y avoir joint les voiles à lettres d'or, avec quelques morceaux de la tombe, le tout enveloppé dans le drap de soie cramoisie ; que vers les sept heures du soir, ce tout fut porté avec le corps d'un militaire mort à l'hôpital ambulant au cimetière public établi depuis peu de mois dans l'ancien clos des religieux de S.-Remi, et déposé dans la même fosse que le corps du dit militaire, lequel fut placé sur le paquet qui renfermait les os du saint ; qu'ils remarquèrent avec soin l'endroit où était cette fosse, que quelques personnes mêmes tracèrent des croix sur un arbre voisin, dans l'espoir de pouvoir rendre à leur patrie et à leur paroisse ce précieux trésor, dès que les circonstances plus favorables auraient rendu au culte catholique la liberté à laquelle on portait alors de graves atteintes, et qu'une coalition impie lui enleva quelque temps après.

Nous étant ainsi informés des circonstances de l'extraction et de l'inhumation du saint corps, nous avons demandé aux mêmes témoins de nous déclarer comment ce qui existait jadis dans la châsse avait été retiré de la fosse, et quels sont les différents objets qui ont été retirés ou retrouvés avec le corps de S. Remi. Alors le citoien Favreau nous a dit que voyant avec satisfaction la liberté du culte rendue aux vœux de tous les Français, et n'ayant jamais perdu de vue la fosse dans laquelle était le corps de S. Remi, il s'y rendit le 5 Juillet 1795, entre 5 et 6 heures du matin, avec Jean-Nicolas Gérard, fossoyeur ; qu'ils déterrèrent d'abord le corps du militaire, qui était déjà tout consommé ; que lui, Pierre Favreau, ayant apperçu le paquet où étaient les saintes reliques, lequel avait été déposé en cette fosse, s'empressa de l'en retirer, mais aussi avec tant de précipitation que le drap dans lequel il avait été cousu étant pourri, plusieurs os s'échappèrent du suaire de drap de soie cramoisie qui le couvrait; qu'il les recueillit avec le plus grand soin, mais toujours avec précipitation, voulant éviter les regards des curieux qui auraient pu s'assembler en ce lieu; que de retour chez lui, il avait examiné cette précieuse dépouille, reconnu le suaire de drap de soie cramoisie et les voiles de même étoffe qui couvraient le coussin sur lequel la tête de S. Remi était posée dans la châsse; qu'il avait aussi reconnu les os qui avaient été déposés dans la fosse, et que l'odeur seule avait fait reconnaître.

Que cependant le bruit de cette fouille faite par lui s'étant répandu dans la ville, plusieurs personnes vinrent chez lui reconnaître les restes précieux de leur saint patron échappés comme par miracle, non-seulement à la fureur des impies, mais même à la pourriture, et en dressèrent un procès-verbal (voir plus haut), qui, sur la demande que nous en fit le dit Favreau, sera joint au présent; qu'enfin, pour éviter l'affluence du peuple, il avait renfermé les os et les suaires du saint dans un reliquaire de bois et les avait déposés dans une chapelle provisoirement établie dans la maison des ci-devant Minimes, d'où le 1er Octobre 1795 ils ont été transférés (jour même de la translation des reliques de S. Remi).

Les dits témoins entendus ont signé avec nous le présent procès-verbal, ainsi que les administrateurs de l'Eglise.

Fait triple, à Reims, les jours et an que dessus, pour être déposé, l'un dans la châsse (nouvelle) de S. Remi, l'autre aux archives de l'évêché, et le troisième dans celle de la paroisse de S.-Remi.

Signatures.

Note C.

L'an de grâce 1796, le 4 Octobre, nous soussignés, Nicolas Servant, Marmouzet, Gaillot, Malot, curé de Cormontreuil près Reims, François de Torcy, Gabriel-Marin Courtin, curé de S.-André, Armand-Jules Seraine, curé de S.-Remi, Antoine Berlin, Nicolas Ménonville, desservant de la paroisse de Ste-Marie-Madeleine, à ce autorisés,

Nous nous sommes transportés vers quatre heures après midi dans l'église paroissiale de S.-Remi, pour verbaliser des restes, ossements et tombe de son bienheureux patron, lesquels ont échappé aux insultes qui leur ont été faites le 23 Octobre 1793, et à la pourriture dans la fosse où ils avaient été déposés le même jour sous le corps d'un militaire, où ils sont restés pendant plus de vingt mois, n'en ayant été retirés que le 5 Juillet 1795, par les soins des citoyens Favreau et Gérard.

Là, en présence de plusieurs catholiques de cette paroisse, et les portes de l'église ayant été fermées pour éviter une trop grande affluence, nous nous sommes rendus près de la châsse qui était placée au milieu du chœur, et dans laquelle étaient renfermées les reliques de S. Remi.

Les citoyens Navier, docteur en médecine, et Robin, démonstrateur d'anatomie, tous deux résidents en cette ville, étaient présents, invités par nous à faire la vérification des ossements, pour en constater le caractère, de manière que les catholiques puissent être assurés qu'ils possèdent encore une grande partie de ce précieux dépôt, et que les os de leur saint patron n'ont pas été confondus avec d'autres.

Les dits sieurs Navier et Robin ayant fait leur vérification et en ayant dressé procès-verbal annexé au présent, nous avons replacé dans la châsse les os vérifiés, ainsi que les suaires, voiles et autres objets qui ont été conservés, dans l'ordre suivant.

Nous avons d'abord placé dans le fond de la châsse deux

morceaux de bois et une cheville provenant de l'ancienne châsse ou tombe de S. Remi ; nous avons ensuite étendu le long de la châsse un grand suaire de soie cramoisie long de 7 pieds 4 pouces, large de 5 pieds 8 pouces, lequel nous a paru très-bien conservé ; un trou qui se trouve au milieu paraît moins l'effet de la pourriture que de la position de ceux qui l'ont retiré de la fosse ; ce suaire ressemble parfaitement à celui désigné par le procès-verbal d'Eleonor d'Etampes, archevêque de Reims en 1646, comme ayant été substitué par l'archevêque Hincmar à l'ancien suaire que ce prélat, plein de dévotion pour S. Remi, avait placé dans une châsse d'yvoire pour en enrichir son église métropolitaine de Reims. Après cela, nous avons formé un coussin des différents morceaux d'étoffe du drap qui doublait l'ancienne tombe, ainsi que suaires ou *brandeum* qui touchaient immédiatement le corps, auxquels nous avons joints différentes étoffes provenant de la même tombe et d'anciens coussinets, et nous avons enveloppé cette espèce de coussin d'un ancien voile de drap de soie cramoisie fait et donné par Alpaïde, à la demande d'Hincmar, comme l'annoncent huit vers latins en lettres d'or sur chacun des quatre bords des deux côtés du dit voile. Quoique quelques lettres n'existent plus, il est aisé de reconnaître que ces vers sont les mêmes qui sont rapportés dans les anciens procès-verbaux, en ayant plusieurs qui sont intacts, tels que sont les deux premiers :

> Hoc opus eximium præsul clarissimus Hincmar
>   Alpaïdi jussit condere sicque dare.

Sur le coussin ainsi formé, nous avons placé la tête de S. Remi avec la mâchoire inférieure à l'extrémité gauche de la châsse ; nous avons observé qu'on voyait encore des cheveux blancs à la sommité et dans les côtés de la tête, et qu'il restait à la mâchoire inférieure deux dents molaires. Au côté gauche, au-dessous de la tête et du coussin, nous avons mis, dans la longueur de la châsse et dans leur ordre naturel, les différents os qui sont spécifiés au procès-verbal par les

susnommés Navier et Robin, qui en ont fait la vérification :
la tête et lesdits ossements ont été ensuite couverts d'un
voile violet d'un côté et vert de l'autre, de la même longueur
et largeur que la châsse. Ce voile, déchiré seulement vers le
milieu, conserve encore les galons dont il a été bordé, et on y
lit très-distinctement ces mots en lettres d'or :

Sancte Remigi, Pontifex Domini pretiose,
Cum pietate memento mei Hincmari
Nomine non merito episcopi
Quoque, sed devoti servi tui.

Enfin nous avons recouvert ce reste précieux avec les
bords du grand suaire de drap cramoisi, avec lequel par
conséquent tout est enveloppé ;

En foi de quoi nous avons signé, lesdits jour, mois et an
que dessus.

Note D.

Ce jourd'hui, 13 Vendémiaire, an 5 de la République française, 4 Octobre 1796, nous soussignés Jean-Claude Navier,
médecin en cette commune, ancien professeur de la ci-devant
Faculté de médecine, et Pierre Robin, chirurgien en cette
même ville, ancien chirurgien des camps et armées, corres-
pondant de la ci-devant Académie de chirurgie, démonstrateur d'anatomie, et chargé par le gouvernement de l'instruc-
tion des sages-femmes dans l'art des accouchements,

Sur l'invitation à nous faite par les citoiens Servant et de
Torcy, se disant ministres du culte catholique,

Nous nous sommes transportés dans l'église de Saint-Remi,
pour y examiner des os déposés dans une châsse, à l'effet de
constater si ces os appartenaient au même sujet, et s'ils
portent des caractères de vétusté suffisants pour assurer s'ils
sont très-anciens.

Arrivés dans l'endroit ci-dessus indiqué, en présence des
ci-dessus dénommés et des citoyens Seraine, Marmouzet,

Courtin, Malot, Favreau, Gaillot et plusieurs autres témoins, réunis dans la même église pour cet effet, et examen, la châsse fut ouverte et les os étendus sur une table. Nous avons reconnu que les os qui nous étaient présentés étaient les mêmes que nous avions déjà visités le 23 Messidor an 3, 11 Juillet 1795, dans une chapelle provisoirement établie à la maison des ci-devant Minimes, sur la réquisition de plusieurs particuliers se disant paroissiens de Saint-Remi ; nous avons observé que dans ce temps, il s'était trouvé deux humerus gauches, dont l'un appartenait évidemment à un sujet nouvellement déterré et qui a été rejetté, ce qui nous a déterminé alors à nous rendre sur les lieux, dans l'endroit où avaient été déterrés tous ces os ; une nouvelle fouille fut faite sous nos yeux, et l'on trouva l'humerus du côté droit, ensemble un drap de soie carré, violet d'un côté, vert de l'autre, autour duquel étaient des inscriptions en lettres d'or très-lisibles et des débris d'enveloppes de soie, dont une en particulier était de la plus grande finesse ; le tout fut de suite réuni aux os que nous avons examinés dans la chapelle, dont il est parlé ci-dessus. Ces remarques essentielles faites, nous avons procédé à un nouvel examen de ces os et nous avons reconnu ce qui suit :

1° Une tête de médiocre grosseur et pesante, ce qui annonce qu'elle vient d'un sujet vieux.

2° Une mâchoire inférieure, avec deux dents molaires, et qui annonce la même vétusté, sans appartenir au même sujet, car les condyles ne rentrent pas exactement dans les cavités glénoïdes des tempes.

3° Dix vertèbres, les deux premières dorsales et les deux dernières lombaires ; la troisième et la quatrième défectueuses.

4° Onze côtes et deux morceaux.

5° Le sternum, qui se trouve un peu déjetté à gauche de sa partie inférieure.

6° L'os sacrum et les deux os innomines : ces deux os portent encore quelques parties de chair desséchée, particulièrement celui du côté gauche, au-dessus de la cavité colygoïde.

7° Les deux omoplates.

8° Deux humerus : celui du côté droit long de 9 pouces, 9 lignes, et l'autre de 11 pouces 5 lignes.

9° Deux cubitus : celui du côté droit long de 9 pouces 1 ligne, l'autre de 9 pouces 4 lignes.

10° Le radius du côté droit long de 9 pouces 1 ligne, l'autre de 9 pouces 4 lignes.

11° Le fémur du côté droit long de 16 pouces, celui du côté gauche de 16 pouces 3 lignes.

12° Le peronnée droit, dont la tête ou partie supérieure manque, celui du côté gauche dans son entier.

La couleur excessivement rembrunie de tous ces os et l'odeur aromatique qu'ils conservent encore, les étouppes et les chanvres qui en remplissent les cavités prouvent qu'ils ont été embaumés, et leur donnent un caractère de vétusté qui démontre qu'ils ont appartenu à un sujet de la plus grande ancienneté.

De tout ce que dessus avons dressé le présent procès-verbal pour servir et valoir à ce que de raison.

Fait à Reims les jour, mois et an que dessus.

Signé à l'original J.-C NAVIER, P. ROBIN.

NOTE E.

L'an de grâce 1796, le cinq Octobre, nous soussignés, membres du presbytère de la Marne, à ce autorisés,

Désirant assurer le peuple catholique de la ville de Reims de l'authenticité des restes sacrés du corps de saint Remi et rendre à ce glorieux apôtre de la France de solennels hommages en réparation des outrages qui lui ont été faits dans ces temps déplorables où une coalition impie ne craignait pas de profaner les objets les plus respectables du culte de la nation française, nous nous sommes rendus à neuf heures du matin dans l'église paroissiale de Saint-Remi. Là, en présence d'un peuple nombreux, empressé d'honorer avec nous son illustre patron, nous avons fait publiquement lecture des différents procès-verbaux qui constatent l'extraction, l'inhumation, l'exhumation des restes de saint Remi, ainsi que la vérification qui en a été faite par les médecins et par nous, les deux jours précédents ; cette lecture a été suivie du chant du psaume 5e *Miserere* avec le ℣ *Parce, Domine*, etc , celui *Domine non secundum*, etc., et oraison ordinaire pour exprimer les sentiments de componction qui ont paru animer toute l'assemblée. Nous avons ensuite célébré la messe solennelle de la translation des reliques de saint Remi. Ensuite, en présence du peuple, la châsse a été ouverte pour y déposer les procès-verbaux dont il a été fait trois copies : de plus, nous y avons joint une gravure représentant l'ancien mausolée de saint Remi, un exemplaire du livre intitulé *le Tombeau du grand saint Remi, patron des François*, composé par dom Guillaume Marlot, imprimé en 1647.

Cette reconnaissance faite pour assurer au peuple catholique de Reims la conservation de ce précieux dépôt, nous avons fermé la châsse et en avons scellé l'entrée avec le sceau du diocèse, puis rapporté en triomphe la dite châsse au lieu qui lui a été destiné, au-dessus de l'autel, au fond du chœur de la dite église.

Reims, l'an de grâce 1796, le 5 Octobre, 14 Vendémiaire an 5 de la République française.

Signé : SERVANT, DE TORCY.

NOTE F.

L'an de grâce 1803, 30e jour de Septembre, veille de la célébration annuelle de la fête de saint Remi, au nom du Révérendissime Père en Dieu, Louis-Mathias de Barral, évêque de Meaux, chargé de la conduite spirituelle du diocèse de Reims,

Je soussigné, Claude Joyeux, archiprêtre du dit diocèse,

accompagné de MM. les curés, desservants, vicaires des paroisses de la ville, de plusieurs des anciens chanoines de la ci-devant métropole de Reims, avons procédé à une nouvelle reconnaissance des reliques de saint Remi, en présence de MM. Le Roi, sous-préfet, Assy-Villain, faisant les fonctions de maire, Chaix, commissaire du gouvernement près le tribunal criminel, Petizon et Le Comte, juges au tribunal civil, Dessain de Chévrières, commissaire du gouvernement près le même tribunal, Gouillard, de Saint-Genis, juges de paix, Faciot, commissaire de police, Dinet, Hourelle, Lenglet, Doriot, Verrier, Husson, Marquant, Lelarge, Favreau, tous ces derniers administrateurs de l'église de Saint-Remi, de MM. les administrateurs de Notre-Dame, Saint-Jacques, Saint-Maurice, et de plusieurs autres personnes recommandables,

Ai fait et fait faire l'examen des procès-verbaux antérieurement rédigés, après quoi la châsse ouverte et les saintes reliques étant extraites, MM. Navier, Caqué et Demanche, médecins, Museux, Duquenelle, Lenglet et Pierret, chirurgiens présents, à ce appelés, ont dit que les ossements présentés appartenaient au même sujet, qu'ils étaient très-anciens, qu'ils conservaient une odeur balsamique, et qu'ayant été, sans aucune altération de cette odeur, longtemps inhumés dans un cimetière, ils étaient incontestablement ceux qui étaient dans la châsse avant la Révolution.

En conséquence, je déclare, au nom du susdit révérendissime évêque de Meaux, les reliques de saint Remi authentiques, permets de les exposer à la vénération des fidèles et autorise à les porter, du consentement de la municipalité, en procession publique, le dimanche, octave de la fête de saint Remi, 9 Octobre 1803.

Signatures de M. de Joyeux et de tous les assistants ci-dessus désignés.

8